Peter Janakiew

Mindestlöhne und ihre Effekte auf dem Arbeitsmarkt

Zwischen der klassischen sowie der keynesianischen Theorie und der beispielhaften Wirklichkeit

GRIN - Verlag für akademische Texte

Der GRIN Verlag mit Sitz in München und Ravensburg hat sich seit der Gründung im Jahr 1998 auf die Veröffentlichung akademischer Texte spezialisiert.

Die Verlagswebseite http://www.grin.com/ ist für Studenten, Hochschullehrer und andere Akademiker die ideale Plattform, ihre Fachaufsätze und Studien-, Seminar-, Diplom- oder Doktorarbeiten einem breiten Publikum zu präsentieren.

Dokument Nr. V115207 aus dem GRIN Verlagsprogramm

Peter Janakiew

Mindestlöhne und ihre Effekte auf dem Arbeitsmarkt

Zwischen der klassischen sowie der keynesianischen Theorie und der beispielhaften Wirklichkeit

GRIN Verlag

Bibliografische Information Der Deutschen Bibliothek: Die Deutsche
Bibliothek verzeichnet diese Publikation in der Deutschen Nationalbibliografie;
detaillierte bibliografische Daten sind im Internet über http://dnb.ddb.de/
abrufbar.

1. Auflage 2008
Copyright © 2008 GRIN Verlag
http://www.grin.com/
Druck und Bindung: Books on Demand GmbH, Norderstedt Germany
ISBN 978-3-640-15786-0

Hausarbeit

**Mindestlöhne und ihre Effekte auf dem Arbeitsmarkt -
Zwischen der klassischen sowie der keynesianischen Theorie
und der beispielhaften Wirklichkeit**

abgegeben am 28.05.2008 im Prüfungssekretariat (per Postversand)
SRH Fernhochschule Riedlingen

Volkswirtschaftslehre - Fach: Wirtschaftspolitik
Bachelor-Studiengang
Gesundheits- und Sozialwirtschaft

von
Peter Janakiew

INHALTSVERZEICHNIS

ABKÜRZUNGSVERZEICHNIS 2

ABBILDUNGSVERZEICHNIS 3

1 EINFÜHRUNG 4

2 MINDESTLÖHNE IN DER THEORIE 5

   2.1 Begriff: Lohn 5

   2.2 Begriff: Mindestlohn 6

   2.3 Mindestlöhne im klassischen Arbeitsmarktmodell 6

   2.4 Mindestlöhne im keynesianischer Arbeitsmarktmodell 8

3 MINDESTLÖHNE IN DER PRAXIS 10

   3.1 Mindestlohn durch Tarifbindung 10

   3.2 Mindestlohn im deutschen Bauhauptgewerbe 11

   3.3 Mindestlohn im europäischen Wirtschaftsraum 12

4 DISKUSSION 12

5 ZUSAMMENFASSUNG UND RESÜMEE 13

LITERATURVERZEICHNIS 14

ABKÜRZUNGSVERZEICHNIS

OECD	Organisation für wirtschaftliche Zusammenarbeit und Entwicklung, Hauptsitz in Paris
SGB II	Zweites Buch Sozialgesetzbuch - Grundsicherung für Arbeitsuchende - (Artikel 1 des Gesetzes vom 24. Dezember 2003, BGBl. I S. 2954), zuletzt geändert durch Artikel 2 des Gesetzes vom 8. April 2008 (BGBl. I S. 681)
WSI	Wirtschafts- und Sozialwissenschaftliches Institut in der Hans-Böckler-Stiftung, Düsseldorf
IAQ	Institut Arbeit und Qualifikation im Fachbereich Gesellschaftswissenschaften der Universität Duisburg-Essen
ALG II	Arbeitslosengeld II
GG	Grundgesetz für die Bundesrepublik Deutschland in der im Bundesgesetzblatt Teil III, Gliederungsnummer 100-1, veröffentlichten bereinigten Fassung, zuletzt geändert durch das Gesetz vom 28. August 2006 (BGBl. I S. 2034)
NRW	Bundesland Nordrhein-Westfalen
IAB	Institut für Arbeitsmarkt- und Berufsforschung der Bundesagentur für Arbeit, Nürnberg
BGBl	Bundesgesetzblatt: Pfändungsfreigrenzen für Arbeitseinkommen, gemäß Bekanntmachung vom 25. Februar 2005 (BGBl. I S. 493)

ABBILDUNGSVERZEICHNIS

Abbildung 1: Arbeitsangebotsfunktion (schematisch) 6
Quelle: Schenk, H.: Seite 34, Abb. 18
Abbildung 2: Arbeitsangebotsfunktion mit Mindestlohn (schematisch) 6
Quelle: Schenk, H.: Seite 34, Abb. 20
Abbildung 3: Klassisches Arbeitsmarktmodell (schematisch) 7
Quelle: Edling, H.: Seite 233, Abb. G.11
Abbildung 4: Keynesianischer Arbeitsmarktmodell (schematische Darstellung) 9
Quelle: Landmann, O./ Jerger, J.: Seite 68, Abb. 2.12

1 EINFÜHRUNG

Die Arbeitsmarktpolitik in Deutschland hat unter anderem den Rückgang der Arbeitslosigkeit zum Ziel, dies wird durch politische Maßnahmen im Bereich des Arbeitsangebotes sowie der Arbeitsnachfrage erzielt. Im Ergebnis der Maßnahmen und unter Berücksichtigung der allgemeinen verbesserten Wirtschaftslage gab es im 1. Quartal 2008 rund 3,6 Millionen Arbeitslose.[1]
Mit dem sinken der Arbeitslosenquote stieg allerdings zeitgleich der Beschäftigungsanteil im Niedriglohnbereich. Die Niedriglohnschwelle wird gemäß OECD-Definition bei zwei Dritteln des inländischen Medianlohnes[2] festgelegt. Für Deutschland liegt die bundeseinheitliche Niedriglohnschwelle im Jahre 2006 bei Euro 9,13 (brutto je Stunde). Demnach lag in Deutschland im Jahr 2006 für knapp 6,5 Mio. Beschäftigte das Arbeitsentgelt unterhalb der Niedriglohnschwelle, dies entspricht ca. 22,2 % aller Beschäftigten.[3] Im Jahre 1994 waren es dagegen nur 15 %.[4]
Mit der Ausweitung des Niedriglohnsektors steigt auch das Armutsrisiko der Erwerbstätigen. Viele der Arbeitsentgelte unterhalb der Niedriglohnschwelle können keinen angemessenen Lebensstandard gewährleisten. Zum Teil sind diese Haushalte auf staatliche Transferleistungen zur Sicherung des Existenzminimums angewiesen.[5] So beziehen bereits heute ungefähr 1,3 Millionen Niedriglohnbeschäftigte vom Staat ergänzende Leistungen zur Grundsicherung.[6] Das Existenzminimum bzw. die Höhe der Grundsicherung, als minimaler Lebensstandard, wird im Sozialgesetzbuch eindeutig definiert. Es beträgt nach SGB II §§ 20 ff. für einen allein stehenden Erwachsenen ohne Kinder Euro 347,00 Regelleistungen sowie Euro 317,00 für Miete und Heizung.[7]
Im Zusammenhang mit dem rasanten Wachstum des Niedriglohnsektors und der verbundenen Einkommensarmut wird die aktuelle arbeitsmarktpolitische Diskussion über die Forderungen nach Mindestlöhnen immer lauter und zunehmend kontroverser diskutiert. Die Befürworter eines Mindestlohns wollen mit diesem Instrument unter anderem ein weiteres Wachstum des Niedriglohnsektors verhindern und die stei-

---
[1] vgl. Statistisches Bundesamt Deutschland
[2] Medianlohn teilt eine gegebene Datenreihe in zwei Hälften, ist also der mittlere Lohn zwischen zwei Referenzlöhnen
[3] vgl. Kalina, T./ Weinkopf, C.: IAQ-Report 2008-01, Seite 2
[4] vgl. Hans-Böckler-Stiftung: Böckler Boxen, Infografik zu Niedriglöhnen
[5] vgl. 3. Armuts- und Reichtumsbericht der Bundesregierung: Kernaussagen, 05/2008, o.S.
[6] vgl. Schroeder, W.: WSI Mitteilungen 4/2008, Seite 174
[7] vgl. Bundesministerium für Arbeit und Soziales: Infografik: Haushaltseinkommen mit ALG II

gende Einkommensarmut bekämpfen. Die Gegner des Mindestlohns argumentieren mit der negativen Auswirkung einer solchen Lohnuntergrenze auf den Arbeitsmarkt, in Folge dessen es zwingend zur Arbeitslosigkeit kommt.

In der vorliegenden Hausarbeit soll im ersten Abschnitt mittels der klassischen und der keynesianischen Arbeitsmarkttheorie der Frage nachgegangen werden, inwieweit ein Mindestlohn Auswirkungen auf den Arbeitsmarkt haben kann. Da theoretische Modelle keine eindeutigen Aussagen für die Realität zulassen, werden im zweiten Abschnitt praktische Erfahrungen mit bestehenden Mindestlöhnen exemplarisch aufgezeigt. Abschließend bezieht der Verfasser Stellung zum Mindestlohn in Deutschland und fasst die Erkenntnisse aus seiner Hausarbeit zusammen.

2 MINDESTLÖHNE IN DER THEORIE

2.1 Begriff: Lohn

Aus Sicht der Wirtschaftswissenschaften ist der Lohn das Faktoreinkommen der Haushalte, es ist die Gegenleistung für den Produktionsfaktor Arbeit. Aus Sicht der Arbeitsnachfrager (Unternehmen und Staat) sind Löhne Kostenfaktoren.

Der Begriff Lohn, als die traditionelle Bezeichnung für das Einkommen von Arbeitern, steht in der heutigen Zeit synonym für die Einkommen von Angestellten sowie Beamten oder Arbeitnehmern. Das Einkommen der Haushalte wird als Nettolohn bezeichnet, der Arbeitsnachfrager trägt weiterer Lohnnebenkosten. Dies sind zum Beispiel die anteiligen Beiträge zur Sozialversicherung.

Bei wirtschaftlichen Betrachtungen des Lohnes sind nicht der Nominallohn (Einkommen je Zeiteinheit), sondern die reale Kaufkraft für Arbeitsanbieter sowie Arbeitsnachfrager von Interesse. Die reale Kaufkraft wird als Reallohn (l_r) bezeichnet und entspricht den um die Inflation bereinigten Nominallohn (l). Lohnerhöhungen führen nur dann zu einer Steigerung der Kaufkraft, wenn die Erhöhung größer ist als der Preisanstieg auf den Gütermärkten.

Die Höhe von l_r hat unmittelbaren Einfluss auf das Arbeitsangebot B_A der Haushalte. In der theoretischen Betrachtung des Arbeitsmarktes wird davon ausgegangen, dass eine Steigerung von l_r zu einer steigenden Arbeitsangebotsfunktion B_A führt.

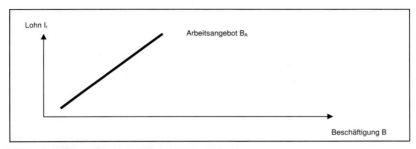

Abbildung 1: Arbeitsangebotsfunktion (schematisch)

2.2 Begriff: Mindestlohn

Ein Mindestlohn $l_{r,min}$ schreibt vor, dass ein festgelegtes Faktoreinkommen nicht unterschritten werden darf. Diese Untergrenze kann entweder tarifvertraglich oder gesetzlich festgelegt werden. Ein Mindestlohn soll im Regelfall gewährleisten, dass die Einkommen der Arbeitsanbieter mindestens die Höhe des gesetzlich festgelegten Existenzminimums erreichen.[8]

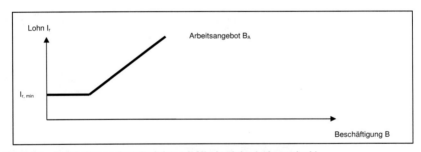

Abbildung 2: Arbeitsangebotsfunktion mit Mindestlohn (schematisch)

2.3 Mindestlöhne im klassischen Arbeitsmarktmodell

Das klassische Arbeitsmarktmodell entstand im 18. Jahrhundert und wurde vor allem durch Adam Smith[9] geprägt.

Ausgangspunkt des klassischen Arbeitsmarktmodells ist die Annahme, dass der Marktpreis für den Faktor Arbeit, wie für Güterpreise, im freien Zusammenspiel von

---

[8] vgl. Bontrup, H.-J.: 2008, Seite 99
[9] Adam Smith (1723-1790)

Angebot und Nachfrage entsteht. Vorraussetzung hierfür ist der vollkommene Markt, auf dem vollkommene Konkurrenz zwischen den Marktteilnehmern herrscht und keiner Einfluss auf den Faktorpreis hat. Den Unternehmen wird ein Streben nach Gewinnmaximierung unterstellt.[10]

Das eigenständige und individuelle Verhalten aller Wirtschaftssubjekte auf dem klassischen Arbeitsmarkt soll zur Steigerung des gesamtwirtschaftlichen Wohlstandes führen. Die Rolle des Staates beschränkt sich auf die Ordnungspolitik und steht als Garant für die individuelle Freiheit der Wirtschaftssubjekte.

Die folgende Abbildung 3 zeigt das klassische Arbeitsmarktmodell. Beim Gleichgewichtslohn l_0 stimmen die Menge von Arbeitsangebot der Haushalte und Arbeitsnachfrage der Unternehmen überein. Nach der klassischen Theorie gibt es in diesem Arbeitsmarktmodell beim Gleichgewichtslohn nur eine freiwillige Arbeitslosigkeit, weil ein Teil der Arbeitsanbieter nicht bereit ist zum Gleichgewichtslohn l_0 zu arbeiten.

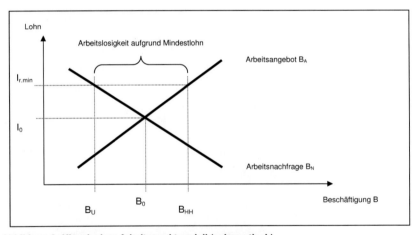

Abbildung 3: Klassisches Arbeitsmarktmodell (schematisch)

Die unsichtbaren Mechanismen des Marktes sorgen bei Störungen des Marktgleichgewichtes, zum Beispiel bei Veränderung der Arbeitsnachfrage B_N, immer wieder für eine Selbstregulierung des Marktes und damit zu einem wirtschaftlichen Gleichgewicht. Im Regelfall geschieht dies durch Senkung des Gleichgewichtslohns l_0.[11]

Wird in die Selbstregulierung des Marktes durch Einführung eines Mindestlohn $l_{r,min}$ oberhalb des markträumenden Gleichgewichtslohns l_0 eingegriffen, kommt es nach

---

[10] vgl. Edling, H.: 2006, Seite 112
[11] vgl. Lüpertz, V.: 2003, Seite 314 ff.

Ansicht der klassischen Theorie zur mindestlohnbedingten Arbeitslosigkeit. Beim Mindestlohn $l_{r,min}$ fragen die Unternehmen weniger Arbeit (B_U) nach und die Haushalte bieten mehr Arbeit (B_{HH}) an. Die Differenz zwischen der nachgefragten Menge B_U und der bereit gestellten Menge B_{HH} entspricht der mindestlohnbedingten Arbeitslosigkeit.

2.4 Mindestlöhne im keynesianischer Arbeitsmarktmodell

Der Keynesianismus wurde von der Massenarbeitslosigkeit während der Weltwirtschaftskrise in den Jahren 1929 bis 1933 geprägt. Es war unter anderem John Maynard Keynes[12] der an die Selbstregulierung des Marktes im klassischen Arbeitsmarktmodell gezweifelt hat.

Das keynesianischen Arbeitsmarktmodell ist viel komplexer und entspricht in der Grundthese dem klassischen Modell. Es geht aber von einem unvollkommenen sowie stark segmentierten Arbeitsmarkt aus, in dem die Selbstregulierung des Marktes, wie von Smith beschrieben, nicht möglich ist. Zu dem geht Keynes von einer höchst heterogenen Arbeitsleistung sowie fehlender Verhandlungsmacht auf Seiten der Arbeitnehmer aus. Weiterhin berücksichtigt Keynes die Markteinflüsse der anderen Märkte auf den Arbeitsmarkt sowie die volkswirtschaftlichen Faktoren Sparen und Investition.

Nach Keynes ist das Arbeitsangebot B_A nach unten nicht flexibel, die Macht der Gewerkschaften zu seiner Zeit sowie der Widerstand der Arbeitnehmer gaben eine Lohnuntergrenze ($l_{r,min}$) vor. Dies erklärt den geraden Verlauf zu Beginn der Funktion B_A bei $l_{r,min}$ (siehe Abbildung 4).

Die Arbeitsnachfrage B_N orientiert sich an den Vorstellungen des klassischen Arbeitsmarktes, nur geht Keynes davon aus, dass eine Beschäftigung ohne gesamtwirtschaftliche Nachfrage nicht möglich ist. Am Punkt B_0 endet daher die Funktion B_N, hier entspricht die Beschäftigung der effektiven Nachfrage am Gütermarkt.

---

[12] John Maynard Keynes (1883-1946)

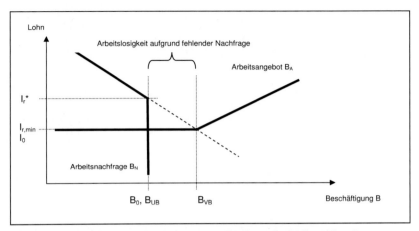

Abbildung 4: Keynesianischer Arbeitsmarktmodell (schematische Darstellung)

Diese Absatzbeschränkung hat zur Folge, dass der Punkt der Vollbeschäftigung (B_{VB}) - Schnittpunkt der gedachten, verlängerten Funktion B_N und der Funktion B_A - nicht erreicht werden kann. Aus diesem Grund herrscht bei B_0 eine Unterbeschäftigung in Höhe von B_{UB}.

In der Abbildung 4 wird zudem angenommen, dass der Lohn $l_{r,min}$ gleichzeitig der Gleichgewichtslohn l_0 ist. In diesem Fall hat eine Veränderung des Gleichgewichtslohns bzw. des Mindestlohns bis zum Lohn l_r^* keine Auswirkungen auf die Beschäftigung, weil die effektive Nachfrage am Gütermarkt unverändert geblieben ist. Es herrscht weiterhin Unterbeschäftigung.

Der Nachfragerückgang auf dem Gütermarkt kann zum einen auf die fehlende Kaufkraft der Haushalte zurück zu führen sein, weil die Lohnentwicklung der Preisentwicklung auf dem Gütermarkt nicht folgt. Zum anderen führt eine schlechte konjunkturelle Lage zu Pessimismus in den Haushalten, was die Sparquote erhöht. Den Haushalten steht damit weniger Geld für Konsum zur Verfügung.

In beiden Fällen können die selbstregulierenden Marktkräfte kein Gleichgewicht auf dem Markt herstellen. Im Gegensatz zur klassischen Theorie verlangt Keynes in diesem Fall ein Eingreifen des Staates, zum Beispiel durch eine nachfrageorientierte Wirtschaftspolitik, Senkung von Steuern oder Senkung des Marktzinses zur Investionsanregung.[13]

---

[13] vgl. Braun, S./ Paschke, D.: 2007, o.S.

3 MINDESTLÖHNE IN DER PRAXIS

In Deutschland gibt es derzeit keinen gesetzlich vorgeschriebenen Mindestlohn. Durch gesetzliche Regelungen in anderen Bereichen des sozialen Sicherungssystems werden allerdings indirekt bundeseinheitliche Mindestlöhne festgelegt. Als Beispiel sei die Pfändungsfreigrenze für Arbeitnehmer zu nennen. Die Pfändungsfreigrenzen für Arbeitseinkommen in Deutschland stellen einen unpfändbaren Grundbetrag fest. Mit dieser gesetzlichen Regelung soll sichergestellt werden, dass einem Schuldner im Falle einer Einkommenspfändung ein Einkommen verbleibt, das zur Sicherung seines Existenzminimums ausreichend ist. Seit 1. Juli 2005 beträgt dieses Euro 985,00 monatlich.[14]

3.1 Mindestlohn durch Tarifbindung

Die Tarifautonomie nach Art. 9, 3 GG legt fest, dass in Deutschland die Tarifpartner - hauptsächlich Arbeitgeberverbände und Gewerkschaften - die Arbeitsbedingungen im Betrieb ohne eingreifen des Staates festlegen. Nur für bestimmte Sachverhalte des Arbeitnehmerschutzes, zum Beispiel die tägliche maximale Arbeitszeit, hat der Staat gesetzliche Vorgaben zu erlassen.[15]

In Tarifverträgen werden die Verhandlungsergebnisse der Tarifpartner, zum Beispiel das Entgelt, vertraglich festgehalten. Diese tariflich festgelegten Löhne sind Mindestlöhne, die im Geltungsbereich der vertragsschließenden Parteien zwingend und unmittelbar gelten. Der Bundes- bzw. die Länderarbeitsminister können mittels der Allgemeinverbindlichkeitserklärung den Geltungsbereich eines Tarifvertrages auf eine bestimmte Branche ausweiten.

Der Abschluss eines Lohn- und Gehaltstarifvertrages ist jedoch keinesfalls ein Schutz vor Niedriglöhnen. In vielen Brachen in West- und Ostdeutschland gibt es aktuell vereinbarte Grundvergütungen unterhalb des gewerkschaftlich geforderten Mindestlohns von Euro 7,50 und damit weit unterhalb der Niedriglohnschwelle nach OECD-Standard von Euro 9,13.

---

[14] vgl. Bundesgesetzblatt: Pfändungsfreigrenzen für Arbeitseinkommen
[15] vgl. Ministerium für Arbeit, Gesundheit und Soziales des Landes Nordrhein-Westfalen: Tarifregister NRW, Das Tarifsystem

Zu diesen tariflichen Niedriglohnbranchen gehören zum Beispiel das Friseurhandwerk in Sachsen (Euro 3,06), das Hotel- und Gaststättengewerbe in NRW (Euro 5,34) oder das Bäckerhandwerk in Thüringen (Euro 5,25). Bei den genannten Beträgen handelt es sich um einen Bruttolohn je Stunde.[16] Einen tariflichen Mindestlohn gab es, wie bereits erwähnt wurde, zu Zeiten von Keynes. Entgegen der klassischen Annahme haben diese Mindestlöhne in ihrem jahrzehntelangen Bestehen gezeigt, dass es zu keiner alleinigen Arbeitslosigkeit aufgrund der Lohnuntergrenze kommt. Im Gegenteil, die Wirtschaft wuchs seit ihrer Einführung stetig.

3.2 Mindestlohn im deutschen Bauhauptgewerbe

Das Arbeitnehmer-Entsendegesetz regelt seit 1996 Mindestbedingungen für grenzüberschreitende Arbeitsverhältnisse.

Wegen der fehlenden Allgemeinverbindlichkeit von Lohntarifverträgen wurde durch die Tarifvertragsparteien Mindestlohntarifverträgen in ausgewählten Branchen ausgehandelt. Mit Aufnahme dieser Verträge ins Arbeitnehmer-Entsendegesetz und die anschließende Allgemeinverbindlicherklärung erhalten diese einen rechtsverbindlichen Charakter und sind in Deutschland von jedem inländischen sowie ausländischen Arbeitgeber in der jeweiligen Branche einzuhalten.[17]

Im deutschen Bauhauptgewerbe wurde 1997, am Ende des Baubooms nach der deutschen Einheit, ein Mindestlohn auf Basis des Entsendegesetzes eingeführt. Dieser beträgt in der Lohngruppe I derzeit im Westen Euro 10,40 und im Osten Euro 9,00.[18]

Eine Studie der Universität Regensburg in Zusammenarbeit mit dem Nürnberger Institut für Arbeitsmarkt- und Berufsforschung hat gezeigt, dass es seit der Einführung des Mindestlohns zu keiner Massenarbeitslosigkeit gekommen ist. Neben einem leichten konjunkturbedingten Rückgang der Arbeitsplätze kam es trotz der schwierigen Auftragslage in vereinzelten Bereichen sogar zu Neueinstellungen.[19]

---

[16] vgl. Bispinck, R.: 2008, WSI Tarifarchiv
[17] vgl. Ministerium für Arbeit, Gesundheit und Soziales des Landes Nordrhein-Westfalen: Tarifregister NRW, Das Tarifsystem
[18] vgl. Bundeszollverwaltung
[19] vgl. König, M./ Möller, J.: IAB Diskussionspapier 30/2007

Die klassische Arbeitsmarkttheorie nach Smith, nach der die Einführung von Mindestlöhnen oberhalb des Marktgleichgewichts zu negativen Beschäftigungseffekten kommt, wurde für diese Branche anhand der Studie widerlegt.

3.3 Mindestlohn im europäischen Wirtschaftsraum

Im europäischen Wirtschaftsraum haben 20 von 27 EU-Staaten gesetzliche Mindestlöhne über alle Branchen hinweg. Zu denen, die bisher keine gesetzliche Regelung haben, gehören beispielsweise die skandinavischen Länder, in denen die tarifvertragliche Mindestlohnsicherung stark ausgeprägt ist – die Tarifbindung beträgt dort über 90 Prozent.

Die Erfahrungen aus Großbritannien, die erst 1999 ein gesetzlicher Mindestlohn eingeführt hatten, sind besonders aufschlussreich. Grund für die Einführung eines Mindestlohns war unter anderem der dramatische Wegfall des gewerkschaftlichen Einflusses auf das Lohnniveau und die damit verbundene Ausweitung des Niedriglohnsektors. Mit der Einführung des Mindestlohns wurde einem Experiment gleichkommend die Auswirkung auf den Arbeitsmarkt von vielen Wirtschaftswissenschaftlern genau überwacht. Übereinstimmend gelangten die Studien zu dem Ergebnis, dass die ein Mindestlohn sowie die Anpassung der Höhe an den Medianlohn keine negativen Auswirkungen auf die Beschäftigung hatten. Das allgemeine Wirtschaftswachstum erlebte durch den Mindestlohn ebenfalls keine negative Beeinflussung.[20]

4 DISKUSSION

Der Verfasser dieser Hausarbeit befürwortet aufgrund der gesammelten Erkenntnisse einen einheitlichen Mindestlohn in Deutschland und schließt sich der keynesianischen Theorie zum Arbeitsmarkt an.

Anhand der vorliegenden Hausarbeit wurde ansatzweise gezeigt, dass das von den Gegnern eines Mindestlohns bevorzugte klassische Modell und die daraus resultierenden negativen Auswirkungen auf die Beschäftigung nicht der Wirklichkeit entsprechen.

Das Arbeitsentgelt als die wesentlichste Grundlage für den Konsum von Gütern sowie für die langfristige, eigenständige soziale Absicherung muss einen angemesse-

---

[20] vgl. Brown, W.: 2007, Bericht der Friedrich-Ebert-Stiftung

nen Lebensstandard, ohne staatliche Transferleistungen zur Grundsicherung, gewährleisten.

Die in der Hausarbeit dargestellten praktischen Erfahrungen mit Mindestlöhnen im deutschen Bauhauptgewerbe und im europäischen Wirtschaftsraum haben überzeugend dargelegt, dass es nach Einführung eines Mindestlohns zu keiner unmittelbaren Arbeitslosigkeit, wie im klassischen Modell prophezeit, kommt. Weiterhin ist der Mindestlohn das einzig wirksame Instrument gegen Einkommensarmut.

Für den Gütermarkt hat die Einführung eines Mindestlohns den weiteren positiven Effekt, dass aufgrund der Stärkung der Kaufkraft und der geringen Sparquote in Haushalten der unteren Einkommensschicht die Konsumgüternachfrage erhöht wird. Was sich letztendlich erneut positiv auf die Beschäftigung auswirkt. Die Theorie von Keynes wird damit erneut bestätigt.

5 ZUSAMMENFASSUNG UND RESÜMEE

Die klassische Theorie des Arbeitsmarktes entstand im 18. Jahrhundert und wurde maßgeblich von Smith geprägt. Nach seinem Modell kommt es bei freien Arbeitsmärkten durch die Selbstregulierungseffekte des Marktes bei Veränderungen der Angebots- oder Nachfragekurve immer wieder zu einem wirtschaftlichen Gleichgewicht. Wenn zum Beispiel durch Einführung eines Mindestlohns in das Marktgleichgewicht eingegriffen wird, dann führt dies zu Arbeitslosigkeit.

Aus den Erfahrungen der Massenarbeitslosigkeit während der Weltwirtschaftskrise in den Jahren 1929-1933 entwickelte Keynes einen neuen Ansatz des Arbeitsmarktes. Die keynesianische Theorie baute auf dem klassischen Modell auf, berücksichtigte aber weitergehende Faktoren. Es wurde ein Zusammenhang zwischen der gesamtwirtschaftlichen Nachfrage und dem Lohn als Faktoreinkommen der Haushalte heraus gearbeitet. Nach Keynes Theorie sollte der Staat bei Bedarf in das Marktgeschehen eingreifen, anders als bei Smiths klassischem Arbeitsmarktmodell.

Die Erfahrungen mit Mindestlöhnen im deutschen Bauhauptgewerbe und in Großbritannien haben gezeigt, dass es zu keiner mindestlohnbedingten Arbeitslosigkeit kommt. Die klassische Theorie nach Smith wurde somit widerlegt.

LITERATURVERZEICHNIS

Bispinck, R. Schulten, T.: Aktuelle Mindestlohndebatte - Branchenlösung oder gesetzlicher Mindestlohn?. In: WSI Mitteilungen 3/2008

Bispinck, R.: Unterste Tarifvergütungen 2008. In WSI Tarifarchiv 4/2008, URL: http://www.boeckler.de/pdf/p_ta_elemente_unterste_tarifverguetungen_2008.pdf (10.05.2008)

Bontrop, J.-H.: Lohn und Gewinn, Volks- und betriebswirtschaftliche Grundzüge. Oldenbourg Verlag 2008

Braun, S./ Paschke, D.: Makroökonomie anschaulich dargestellt. PD-Verlag Heidenau 2007

Brown, W.: Der gesetzliche Mindestlohn in Großbritannien. Bericht der Friedrich-Ebert-Stiftung, September 2007.
URL: http://library.fes.de/pdf-files/bueros/london/04855-20071107.pdf (16.05.2008)

Bundesministerium für Arbeit und Soziales (o.V.): 3. Armuts- und Reichtumsbericht der Bundesregierung: Kernaussagen. 5/2008. URL: http://www.sozialpolitik-aktuell.de/docs/Kernaussagen_Dritter_Armutsbericht.pdf (20.05.2008)

Bundesministerium für Arbeit und Soziales (o.V.): Infografik: Haushaltseinkommen mit ALG II. URL: http://www.bmas.de (24.04.2008)

Bundeszollverwaltung (o.V.): Übersicht über die geltenden Mindestlöhne aufgrund von Tarifverträgen
URL:
http://www.zoll.de/d0_zoll_im_einsatz/b0_finanzkontrolle/e0_aentg/a0_info_ag/b0_mindestlohn/a0_uebersicht_mindestlohn/index.html (21.05.2008)

Edling, H.: Volkswirtschaftslehre schnell erfasst. Springer Verlag 2006

Hans-Böckler-Stiftung (o.V.): Böckler Boxen, Infografik zu Niedriglöhnen
URL: http://www.boeckler-boxen.de/2690.htm (20.05.2008)

Kalina, T./ Weinkopf, C.: Report zur Zunahme der Niedriglohnbeschäftigung. In: IAQ-Report 1/2008
URL: http://www.iaq.uni-due.de/iaq-report/2008/report2008-01.pdf (12.05.2008)

König, M./ Möller, J.: Mindestlohneffekte des Entsendegesetzes? Eine Mikrodatenanalyse für die deutsche Bauwirtschaft. In: IAB Diskussionspapier 30/2007 (Oktober 2007). URL: http://doku.iab.de/discussionpapers/2007/dp3007.pdf (25.04.2008)

Landmann, O./ Jerger, J.: Beschäftigungstheorie. Springer Verlag 1999

Lüpertz, V.: Problemorientierte Einführung in die Volkswirtschaftslehre. Seite 314 ff., Winklers Verlag 2003

Ministerium für Arbeit, Gesundheit und Soziales des Landes Nordrhein-Westfalen (o.V.): Tarifregister NRW. URL: http://www.tarifregister.nrw.de/ (20.05.2008)

Schenk, H.: SRH Studienbrief Makroökonomie. 2007

Schroeder, W.: Gewerkschaften mögen keine staatlichen Mindestlöhne. In: WSI Mitteilungen 4/2008. URL: http://www.boeckler.de/pdf/wsimit_2008_04_kommentar.pdf (20.05.2008)

Statistisches Bundesamt Deutschland (o.V.): Statistische Daten zum Arbeitsmarkt, URL: http://www.destatis.de/jetspeed/portal/cms/ (20.05.2008)